培智学校
康复训练指导用书

认知能力训练

Renzhi Nengli Xunlian
Chuji
初级

主编 吕开新

中国海洋大学出版社
·青岛·

图书在版编目（CIP）数据

认知能力训练：初级 / 吕开新主编. —青岛：中国
海洋大学出版社，2023.2
ISBN 978-7-5670-3356-6

Ⅰ．①认…　Ⅱ．①吕…　Ⅲ．①认知能力—儿童教
育—特殊教育—教学参考资料　Ⅳ．① G764

中国版本图书馆CIP数据核字（2022）第227998号

出版发行	中国海洋大学出版社
社　　址	青岛市香港东路23号　　邮政编码　266071
网　　址	http://pub.ouc.edu.cn
出 版 人	刘文菁
责任编辑	孟显丽　　　　　　　　　电　话　0532-85901092
印　　制	青岛国彩印刷股份有限公司
版　　次	2023年2月第1版
印　　次	2023年2月第1次印刷
成品尺寸	185 mm×260 mm
印　　张	4
字　　数	72千
印　　数	1~1500
定　　价	32.00元
订购电话	0532-82032573（传真）

前言

　　随着融合教育理念的深入，培智学校的教育对象逐渐趋向于中重度智力落后、孤独症和多重障碍儿童。为了满足每一个特殊儿童的发展需要，让他们学得会、学得好，让每一个特殊儿童获得高质量的教育，青岛三江学校着手进行课程改革，在康复训练课程开发方面取得显著成效。2019年，学校成立培智学校康复训练课程研究小组，依据《培智学校义务教育课程标准（2016年版）》和《3—6岁儿童学习与发展指南》，结合培智学校康复训练课程的研究与实践成果，编写了"培智学校康复训练指导用书"。

　　该丛书包括"认知能力训练""动作训练""感觉和知觉训练""沟通与交往训练""情绪与行为训练"五大系列，每个系列分为初级、中级和高级三个分册。其中，"认知能力训练"系列包括配对、分类、空间、序列（中、高级）、对比、因果、数学七大部分内容；"动作训练"系列包括大动作和精细动作两大部分内容；"感觉和知觉训练"系列包括视觉、听觉、触觉、味觉、嗅觉、本体觉、前庭觉七大部分内容；"沟通与交往训练"包括言语准备、非语言沟通、口语沟通三大部分内容；"情绪与行为训练"系列包括情绪识别、情绪表达、情绪理解、情绪调节、行为管理五大部分内容。为了方便培智学校教师对特殊儿童进行康复训练，每个部分的课程资源都以主题活动的形式呈现，每个主题活动包括活动名称、活动目标、活动准备、活动过程设计、活动建议，这样既便于操作又具有指导意义。

本书的编写得到了潍坊学院王淑荣教授的专业指导，在此表示衷心的感谢。限于水平，书中难免有不妥之处，恳请广大读者提出宝贵意见，以便完善。

"培智学校康复训练指导用书"编写组

2022 年 6 月

目 录

第一单元 配对 生日礼物大采购

知识链接

    配对是儿童进行认知学习所需具备的基础能力，是觉察两个物件或物种概念之间"相同"和"相关"的能力，即儿童能够运用视觉、触觉、听觉、味觉和嗅觉等来辨识对象，并将相同或相关对象放在一起。该能力训练可以增强儿童各感官辨识和区分对象的能力，提高儿童对细节的观察能力。这种能力的培养对儿童以后学习基础知识、对比相关概念有着不可替代的重要性。

    配对从内容上分为相同配对和相关配对。相同配对是指将相同的两个物件或物件的图片放在一起，进行物品配对、颜色配对、形状配对、种类配对、特征配对、符号配对、数量配对等。儿童进行该能力训练之前，需先具备安坐、模仿、进行精细动作（如拾放物件）、理解简单指令等能力。相关配对包括外形相关配对、功能性相关配对、特质相关配对等。儿童需在具备对相同物件进行配对的能力的基础上，能辨认日常用品，说出其名称，并对其特征、功能等有基本的认知。

    配对从形式上可以分为实物与实物配对、实物与图片配对、图片与图片配对、实物／图片与字卡配对等。特殊儿童观察周围环境的能力较弱，通常难以将物件与事件相关联，也难以将已经掌握的知识运用到不同的情境中。因此，配对对特殊儿童来说是一项十分重要的能力。在进行配对训练时，教师应多让儿童运用不同的感觉进行配对，可先从简单的、差别明显的对象开始，逐渐发展到对差别微小、复杂、抽象的对象进行配对。

活动一 美好的生日愿望

活动目标

1. 能将常见物件的实物与实物配对。

2. 能将常见物件的实物与图片配对。

3. 能将常见物件的图片与图片配对。

活动准备

1. 铅笔 2 支，橡皮 2 块，尺子 2 把。

2. 积木 1 块，雪花片 1 片，玩具汽车 1 辆。

3. 积木、雪花片、玩具汽车图片各 1 张，大象、小猫、小鸡图片各 2 张。

活动过程设计

宝宝的生日快要到了，他希望得到一些自己喜欢的礼物。你能帮助他实现愿望，找到他想要的物品吗？

1. 宝宝希望得到一套与姐姐的一样的学习用品，我们帮他来找到它们吧。

教师将一套铅笔、橡皮、尺子的实物呈一条直线摆放在桌上。教师先发出指令"一样的，'放'一起"（图 1-1），并作出示范，即将另一套学习用品中的铅笔与桌上的铅笔放在一起；然后取回示范配对的铅笔，再次发出指令"一样的，'放'一起"，同时将铅笔交给儿童，引导其将手中的铅笔与桌上的铅笔配对并放在一起。

教师变换不同的物件引导儿童进行配对练习。每次练习，教师可调整配对目标物的位置。

教师可根据儿童的完成情况，调整配对训练的难度，如将指令改为

"'拿'一样的"，引导儿童从桌上的多个物件中拿出与目标物相同的物件进行配对。

图 1-1

2. 这是宝宝希望得到的玩具清单，有积木、雪花片，还有小汽车呢。你能根据清单上的玩具图片帮他找到一样的东西吗？

教师分别将一块积木、一块雪花片、一辆小汽车以及各自的图片呈直线摆放在桌上，然后拿起一张积木的图片交给儿童，并发出指令"一样的，'放'一起"或"'拿'一样的"（图 1-2），引导儿童将物件与其图片进行配对。

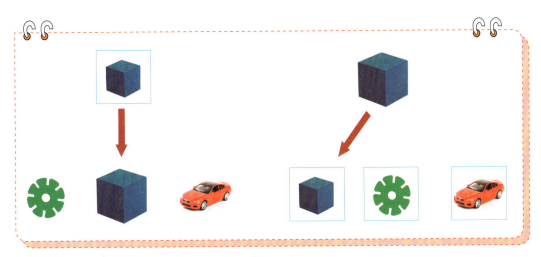

图 1-2

3. 宝宝想要一套和妹妹的一样的动物卡片，你来帮他找一找吧！

教师将三张不同动物的图片呈直线摆放在桌上（图 1-3），然后拿起与其中一张相同的图片交给儿童，并发出指令"一样的，'放'一起"或"'拿'一样的"，引导儿童将两张相同的动物图片放在一起。

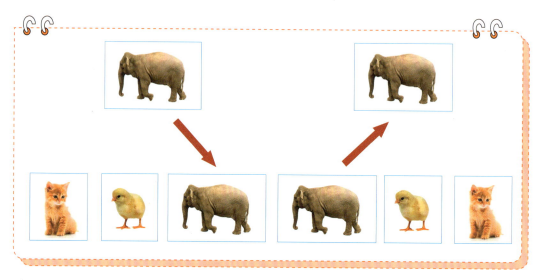

图 1-3

活动建议

1. 训练难度由简到难。开始时，可以根据实际情况引导儿童从完全相同的一对实物配对练起，逐步增加配对个数；待儿童将实物与实物配对练熟后，可进行实物与图片、图片与图片的配对练习。

2. 摆放物品时，先一排排有序摆放，再杂乱无章地摆放，训练儿童完成从同一平面的配对到不同平面的配对。

3. 配对时，不要急于告诉儿童物件的名称，因为配对的目的是视觉辨别，所以指令是"一样的，'放'一起"或"'拿'一样的"，而不是强调"把 **（物件名称）给我"。

4. 刚开始练习时，为了让儿童更好地明白配对物件要放置的位置，各物件之间须相隔一定距离，可以用托盘、纸张等物品作为区域划分的视觉提示。为了增加配对的难度，桌上的干扰物应由少到多，根据儿童的掌握情况逐渐增添。

　　5.为了激发儿童的学习热情，可选用他们感兴趣的物件。

活动记录

训练内容	完成情况		
	独立完成	辅助完成	不能完成
常见物件的实物与实物配对			
常见物件的实物与图片配对			
常见物件的图片与图片配对			

▶ 活动二　**丰厚的生日礼物**

活动目标

　　1.能将相同颜色的物件配对。

　　2.能将相同形状的物件配对。

　　3.能将相同大小的物件配对。

　　4.能将相同图案的物件配对。

　　5.能按名称配对相关物件。

6. 能按颜色配对相关物件。

7. 能按形状配对相关物件。

活动准备

1. 形状不同的饼干图片各 2 张。

2. 颜色不同的甜甜圈图片各 2 张。

3. 图案相同、大小不同的单只手套图片各 2 张。

4. 大小相同、图案不同的单只袜子图片各 2 张。

5. 不同颜色的彩笔和笔盖图片各 1 张。

6. 不同款式的上衣、裤子、鞋子图片多张。

7. 常见形状图片及与其相同形状的物件图片各 1 张。

活动过程设计

家人们都想为宝宝准备一份他喜欢的生日礼物，你能做他们的小助手，帮忙买到他们想要的礼物吗？

1. 饼干脆脆香又甜，形状多变惹人爱。爸爸的礼物是美味的饼干！

教师将两张不同形状的饼干图片依次放在桌上（图1-4），一张圆形饼干图片和一张三角形饼干图片，引导儿童观察；然后，将另一张圆形饼干图片递交给儿童，要求其将相同形状的饼干图片放在一起。

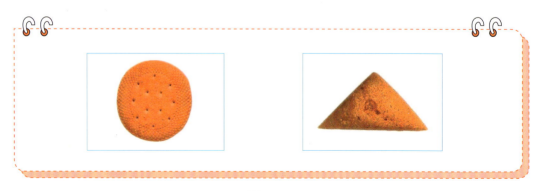

图 1-4

2.哇！好看又美味的甜甜圈出炉了。妈妈的礼物是不同颜色和口味的甜甜圈！

教师将两张不同颜色的甜甜圈图片依次放在桌子上（图1-5），一张是红色甜甜圈图片，一张是绿色甜甜圈图片，引导儿童观察；然后，将与其中一张颜色相同的甜甜圈图片交给儿童，要求其按颜色进行配对。

图 1-5

3.小小手套用处大，小手保暖全靠它。爷爷的礼物是暖暖的手套。你知道哪两只手套是一副吗？让我们把一样大小的放一起吧！

教师将两张手套图片（仅手套的大小不同）依次放在桌子上（图1-6），引导儿童观察；然后将与其中一张相同大小的手套图片交给儿童，要求其按大小进行配对。

图 1-6

4. 小袜子像口袋，穿在脚上走起来。奶奶的礼物是好看的袜子。你知道它们哪两只是一双吗？让我们将图案一样的放一起吧！

教师将两张大小相同但图案不同的袜子的图片依次放在桌子上（图1-7），引导儿童观察；然后将与其中图案相同的袜子的图片交给儿童，要求其按图案进行配对。

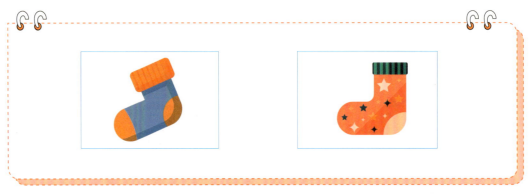

图 1-7

5. 姑姑的礼物是一身漂亮的衣服和鞋子，你能帮姑姑将上衣、裤子、鞋子分别放在对应的衣物筐里吗？

教师分别将上衣、裤子和鞋子的图片依次贴在衣物筐的外侧（图1-8），然后将其他款式的上衣、裤子和鞋子的图片逐一递交给儿童，引导其将上衣、裤子和鞋子的图片分别放入对应的衣物筐里。

图 1-8

6.哥哥的礼物是各种形状的玩具。你能帮哥哥把不同形状的玩具放在有着对应标识形状的筐里吗？

教师分别将不同形状（圆形、三角形和正方形）的卡片依次贴在筐的外侧（图1-9），然后将积木、足球、三角板的图片逐一递交给儿童，引导其将它们分别放入有着对应标识形状的筐里。

图1-9

7.弟弟的礼物是五颜六色的水彩笔。你能将相同颜色的笔盖和彩笔配对吗？

教师将两张不同颜色的彩笔图片依次放在桌上（图1-10），引导儿童观察；然后将与其中一张彩笔颜色相同的笔盖图片递给儿童，要求其将相同颜色的笔盖和彩笔配对。

图1-10

活动建议

1. 特殊儿童通常较难主动留意周围环境，难以将已经掌握的概念运用到不同的情境中。训练时，可以多利用生活中的事物与场景，进行配对技能的泛化练习，如配对整理鞋子、袜子、手套等衣物，根据名称来配对收纳餐具、配对整理书本等。

2. 为了更好地激发儿童的学习动机，可以从生活中常见物件和儿童喜欢、感兴趣的物件入手组织训练，如食品、玩具。根据儿童的掌握程度可以变换多种配对形式，利用生活中的不同情境，例如可以带儿童到物件丰富的超市中进行练习。

活动记录

训练内容	完成情况		
	独立完成	辅助完成	不能完成
将相同形状的物件配对			
将相同颜色的物件配对			
将相同大小的物件配对			
将相同图案的物件配对			
按颜色配对相关物件			
按名称配对相关物件			
按形状配对相关物件			

活动三　开心的生日聚会

活动目标

1. 能感知影子的特点，理解影子与实物的外形一致。
2. 能按外形将物件图片与影子图片配对。

活动准备

多组外形轮廓差别较大的卡通人物和玩具图片及其影子的图片各1张。

活动过程设计

今天是宝宝的生日聚会，小伙伴们纷纷挑选了精美的礼物来为他庆祝，你知道他们都带来了什么礼物吗？这些礼物又分别是谁带来的呢？

1. 小伙伴们的礼物可真丰富啊，它们种类多多、样式多多。聪明的宝宝，你能根据礼物的影子找到礼物是什么吗？

教师将多张实物图片依次呈直线摆放在桌子上，出示一张影子图片（图1-11），引导儿童从多张实物图片中找出相应的图片与影子图片进行配对。

图 1-11

2. 太阳当空照，今天真热闹，小伙伴儿们一起做个小游戏吧。你知道每个小伙伴的影子什么样的吗？请你帮忙找一找吧！教师将多张影子图片呈直线依次放在桌上，出示一张人物图片，引导儿童观察其外形特征。例如，教师先引导儿童观察头上扎着两个小辫子的小朋友，然后要求儿童从多张影子图片中找出相应的影子图片与人物图片进行配对（图1-12）。

图 1-12

3. 小伙伴们真调皮，他们带着礼物在太阳底下玩起了捉迷藏，你能根据他们的影子分辨他们是谁吗？

教师引导儿童进行复杂图形及其影子的配对练习（图1-13）。

图 1-13

活动建议

1. 训练中，可以引导特殊儿童学习一些观察方法，如按照从上到下、从左往右的顺序，先关注整体再关注局部。

2. 当物件图片与影子配对时，指令可以是"找出他的影子""它的影子是哪一个"或"这个和哪个放一起"；当影子和物件图片配对时，指令可以是"这是谁的影子"或"和哪个放一起"。

活动记录

训练内容	完成情况		
	独立完成	辅助完成	不能完成
按外形将物件与影子配对			
按外形将影子与物件配对			

第二单元 分类 开心农场

知识链接

　　客观世界中的物体具有众多的属性和特征。分类是根据物体的某一属性而将有关物体归并在一起，涉及思维的分析、比较、观察、判断等基本过程，能够锻炼和提高儿童的逻辑思维能力。分类包括外形分类、类别分类及类名词分类。分类能力是儿童的一种基本能力。这种能力需要儿童找出物体的相同点和不同点，使其观察更加敏锐。通过分类训练，能促进儿童比较、分析、综合等能力的发展，对于儿童数学能力、语言能力的发展具有重要意义。特殊儿童的分类能力相对弱，但通过有趣味的针对性训练，可有效促进特殊儿童认知水平的全面发展。

活动一 农场大丰收

活动目标

　　1.能按照物体的外形进行分类。

　　2.能按照物体的颜色进行分类。

　　3.能按照物体的形状进行分类。

　　4.能按照物体的大小进行分类。

活动准备

1. 黄豆和黑豆各若干粒。

2. 圆茄子和长茄子的卡片若干张。

3. 小番茄和大番茄的卡片若干张。

活动过程设计

小朋友们，我们的农场今年大丰收，一起去农场里收获果实吧！

1. 营养丰富的豆子熟了，我们快把黄豆和黑豆分开吧！

教师出示一个混合装有黄豆和黑豆的盒子以及两个空的托盘，一个托盘中放入一粒黄豆，另一个托盘中放入一粒黑豆。（图2-1）教师发出"分类"的指令，示范拿取一粒黄豆并将其放入盛有黄豆的托盘中，再拿起一粒黑豆放入盛有黑豆的托盘中；然后再次发出"分类"的指令，引导儿童将盒子中的黄豆和黑豆按照颜色全部分装到各自的托盘中。

图 2-1

2. 我们的茄子也成熟了，长的、圆的好多呀，快来把它们分开吧！

教师出示一个混合装有圆茄子卡片和长茄子卡片的盒子以及两个空的盒子（图2-2），一个盒子中放入一个圆茄子卡片，另一个盒子中放入一个长茄子卡片；然后，发出"分类"的指令，引导儿童将圆茄子卡片放入盛有圆茄子卡片的盒子中，将长茄子卡片放入盛有长茄子卡片的盒子中，直至所有的茄子卡片按照茄子形状分装到相应的盒子中。

图 2-2

3. 你们看番茄成熟了，有大的、有小的，让我们把不同大小的番茄分开并装起来吧！

教师出示一个混合装有大番茄卡片和小番茄卡片的盒子以及两个空的盒子（图2-3），一个盒子中放入一张大番茄卡片，另一个盒子中放入一张小番茄卡片；然后，发出"分类"的指令，引导儿童将大番茄卡片放入盛有大番茄卡片的盒子中，将小番茄卡片放入盛有小番茄卡片的盒子中，直至将所有的番茄卡片按照番茄的大小分装到相应的盒子中。

图 2-3

活动建议

1. 本节的活动设计遵循由实物到卡片的原则，活动过程设计 1 中根据豆子的颜色进行分类时，要考虑儿童精细动作的发展水平，适当调整训练物品。

2. 对于活动过程设计 2 和活动过程设计 3，可选择儿童喜欢的或生活中比较常见的水果或蔬菜进行训练。

3. 将需要分类的卡片混合在一起，摆放时不必遵循一定的规律，以免对训练结果造成干扰。

活动记录

训练内容	完成情况		
	独立完成	辅助完成	不能完成
按照物体的颜色进行分类			
按照物体的形状进行分类			
按照物体的大小进行分类			

活动目标

1. 能按照食物、非食物的类别将物品分类。
2. 能按照水果、蔬菜的类别将物品分类。

活动准备

1. 苹果、香蕉、橘子等水果的卡片各若干张。
2. 茄子、番茄、辣椒等蔬菜的卡片各若干张。
3. 碗、勺子、叉子等生活物品的卡片各若干张。

活动过程设计

　　小朋友们，农场收获了很多的果实。天快下雨了，为了抢时间，农民伯伯把所有的物品都放到了一块。他们都忙不过来了，我们一起去帮忙吧！

　　1. 我们先帮农民伯伯把食物和非食物分开。

　　教师出示一个混合装有多种食物卡片和非食物卡片的盒子以及两个空的盒子（图2-4），一个盒子中放入一张食物卡片，另一个盒子中放入一张非食物卡片。教师发出"分类"的指令，并做出示范，拿起一张食物卡片将其放入盛有食物卡片的盒子中，再拿起一张非食物卡片放入盛有非食物卡片的盒子中；然后，再次发出"分类"的指令，引导儿童将盒子中的物品按照食物和非食物全部分装到相应的盒子中。

图 2-4

2. 小朋友，很棒！我们已经完成了第一步，接下来我们要帮农民伯伯把水果和蔬菜分开。

教师出示一个混合装有水果卡片和蔬菜卡片的盒子以及两个空的盒子（图 2-5），将一个盒子中放入一张水果卡片，另一个盒子中放入一个蔬菜卡片；然后，发出"分类"的指令，引导儿童将水果卡片放入盛有水果卡片的盒子中，将蔬菜卡片放入盛有蔬菜卡片的盒子中，直至所有的物品按照水果类和蔬菜类分装到相应的盒子中。

图 2-5

活动建议

1. 对于活动中用到的水果、蔬菜及非食物类的物品，可选择儿童喜欢的或者生活中常见的进行训练。

2. 在分类训练中，要根据儿童的能力提供数量适当的物品；一开始物品不宜过多，随着儿童能力的提高，物品的数量可逐步增多。

活动记录

训练内容	完成情况		
	独立完成	辅助完成	不能完成
对食物和非食物进行分类			
对水果和蔬菜进行分类			

第三单元 我是小海军

知识链接

　　空间认知能力是指个体对单个物体的位置或多个物体之间的位置关系进行空间知觉、空间记忆、空间定位、空间思维等方面的能力，是人类认识客观世界的基础。儿童对物体进行空间定位能力的发展是一个由自我中心编码向客体中心编码发展的过程。随着年龄的增长，儿童的自我中心现象逐渐减少，其客体现象逐渐增多，甚至占主导地位。其中，空间认知能力的发展遵循"动作探索—获得理解—语言表达—形成概念"的过程，空间方位知觉的发展顺序则是"先上下，次前后，再左右"。良好的空间概念能帮助儿童更好地生活和学习，如写字、步行、辨认方向。同时，空间认知能力不仅是儿童适应环境的前提，还是发展逻辑思维的重要基础。特殊儿童受其认知发展水平和自我中心倾向的制约，与普通儿童相比，其空间认知能力较差，同时其逻辑思维能力的发展也会受影响。因此，在对特殊儿童进行空间训练时，应从认识客体永恒、物我空间、物与物空间进行训练。

活动目标

1. 能理解客体永恒性，知道物件被隐藏后仍然存在。
2. 能利用客体永恒性，找出被隐藏的物件。

活动准备

1. 贝壳、螃蟹等海洋生物玩具模型各 1 个。
2. 玩具铲 1 个。
3. 沙盘 1 个。

活动过程设计

小海军是我们和大海的守护者。听，有人在向你寻求帮助，聪明、勇敢的小海军快来看看吧！

1. 瞧！宝宝在沙滩上玩耍时，不小心把玩具铲埋进了沙里。你能帮他找出来吗？

教师准备一个玩具铲和一个沙盘（图 3-1），先将玩具铲发给儿童，与儿童一起在沙盘中玩耍。当儿童注视玩具铲时，教师用沙子遮住部分玩具铲，发出"玩具铲在哪里"的指令，并以夸张的动作和语气示范找出被部分隐藏在沙里的玩具铲，引导儿童观察；然后，再以同样的方式将玩具铲部分隐藏，鼓励儿童通过露在外面的部分找出整个玩具。

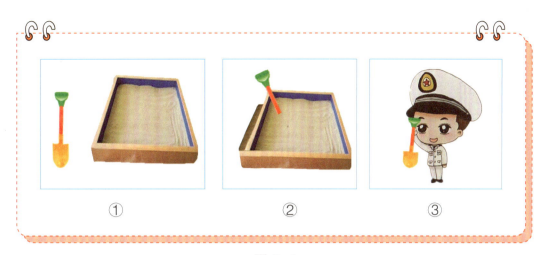

图 3-1

2. 美丽的贝壳被海浪冲到沙滩上，沙子把它们都掩盖起来了。请你帮助贝壳，把它们从沙子里解救出来吧。

教师先将一个贝壳呈现给儿童，与儿童一起观赏贝壳，当儿童注视贝壳时，将贝壳完全埋进沙里，并给出"贝壳在哪里"的指令（图 3-2）。教师先示范找出被完全埋藏在沙里的贝壳，引导儿童观察；然后，再以同样的方式将贝壳完全埋藏在沙中，鼓励儿童找出贝壳。变换贝壳的埋藏位置引导儿童反复练习。当儿童熟练后，可适当增加埋藏的贝壳数量，提升训练难度。

图 3-2

3. 一只小螃蟹在沙滩里淘气地爬来爬去，小海军快帮助螃蟹妈妈，把它找出来吧！

教师准备一个小螃蟹的模型玩具（图 3-3），将其放入沙盘中，确认儿童看见小螃蟹后，先将其藏在 A 处，再转移至 B 处，然后给出指令"小螃蟹在哪里"，引导儿童在教师的指引下跟踪观察物件的隐藏过程并将其找出，通过变换不同的隐藏位置引导儿童反复练习。要注意根据儿童的掌握情况适当调整训练难度，增减连续移动的次数和调整移动的速度。

① ②

图 3-3

活动建议

1. 训练难度要由简到难，训练过程中可根据儿童对空间客体永恒性的认知程度，增减所埋藏的玩具的数量和变换所埋藏的玩具的位置。

2. 为了最大程度激起儿童寻找玩具的欲望，应尽可能选择儿童感兴趣的玩具，且训练过程中时刻关注儿童的反应，根据儿童的兴趣及时更换玩具。

3. 训练初期，埋藏物件时应使用较夸张的语气，且动作幅度大、速度慢，以确保吸引儿童的注意力。待儿童对客体永恒概念掌握良好后，逐渐减小隐藏物件时的动作幅度并加快移动物件的速度。

4. 训练过程中，不要频繁进行玩具的名称和玩具位置的问答练习，因为本活动的目的是使儿童形成客体永恒的概念，儿童只需找到或指认物件的位置即可。

5.训练过程中，当儿童找到被隐藏的玩具时，应允许儿童适当玩耍玩具或通过其他正向刺激及时增强训练效果。

活动记录

训练内容	完成情况		
	独立完成	辅助完成	不能完成
理解客体永恒性，知道物件被埋藏后仍然存在			
利用客体永恒性，找出被埋藏的物件			

▶ 活动二 海军大操练

活动目标

1.能感知物我空间概念的"上""下""前""后"方位。

2.能辨别物我空间概念的"上""下""前""后"方位。

活动准备

1. 小旗 2 面。

2. 海军玩偶 2 个。

3. 红外线激光玩具枪 1 个。

活动过程设计

要成为一名出色的小海军，可少不了坚持不懈的练习与勤奋认真的工作。你准备好了吗？跟着老师一起来进行训练吧。

1. 看！海军们的小旗在不停地上下挥动。你也赶快来试试吧。

教师引导儿童自然站立，让其知道自己的头在上面、脚在下面（图 3-4）。然后教师和儿童各手持一面小旗，面对面站立。教师发出指令并做出相应的举旗示范动作："小旗，上（举起小旗）；小旗，下（落下小旗）"，引导儿童进行模仿练习，使其感知自身空间的上下方位。

随后，教师引导儿童根据指令"小旗，上"或"小旗，下"正确挥动小旗，辨别自身空间的上下方位。

图 3-4

2. 队列会操也是海军操练的任务之一，训练之前，请你先帮助小海军们排好队形吧。

教师与儿童同侧站立，引导儿童以自身为参照物，知道脸和肚子的一面是自己的前面、屁股的一面是自己的后面（图3-5）。然后，教师边发指令边示范，引导儿童进行模仿练习，如"摸摸前面的脸""拍拍后面的屁股""拍拍前面的肚子"。儿童在教师的指导下反复练习，初步感知自身空间的前后方位。

图 3-5

随后，教师向儿童展示一个海军玩偶，并发出指令"它站在你的前面"。根据指令，教师将玩偶放在儿童的前面，引导儿童进行观察；再逐一将玩偶递给儿童，并发出"他站在你的前面/后面"的指令，引导儿童反复练习，听指令辨别自身的前后方位，将玩偶放在正确的位置。儿童摆好玩偶后，教师继续发出指令"谁在你的前面/后面"，引导儿童根据指令指一指自己前面或后面的海军玩偶。儿童通过反复练习巩固前后方位概念。

3. 敌人的潜水艇已经潜入海中，勇敢的小海军快到海里去追击敌人吧。

教师调低教室亮度，与儿童同侧站立，将一个能射出红外线的激光玩具枪展示给儿童，引导儿童根据指令用玩具枪正确指出"上""下""前""后"的方位。教师发出指令"敌人在你的前面"。根据指令，教师示范用激光玩具枪对准儿童前方的墙面进行"射击"，引导儿童进行观察。教师以同样的方式发出指令"敌人在你的上/下/前/后面",引导儿童根据指令用玩具枪对准正确的方位(图3-6)。儿童听指令反复练习,巩固"上""下""前""后"方位的概念。

图 3-6

活动建议

1. 在儿童理解物我空间概念下的"上""下""前""后"方位时,应引导以儿童自我为中心进行方位的识别。

2. 在训练空间方位时,应注意采用从感知到辨别指认的步骤,循序渐进,由简入难,有梯度地进行训练。在此基础上,语言能力较强的儿童可接受方位的命名训练。

3. 儿童掌握方位概念后,能根据指令正确摆放物件,体现方位的变化即可,对活动中儿童动作的标准度不做过多要求。

4. 训练过程中,儿童在教室房间内的站位应有所变化,以免儿童固定记忆某一个方向下的方位。

活动记录

训练内容	完成情况		
	独立完成	辅助完成	不能完成
感知主观空间概念的"上""下"方位			
辨别主观空间概念的"上""下"方位			
感知主观空间概念的"前""后"方位			
辨别主观空间概念的"前""后"方位			

第四单元 对比 美味甜品屋

知识链接

比较是指就两种或两种以上同类的事物辨别异同或高下，是对物体基本属性的认识和了解，是事物所拥有的可作对比或可测定其异同的一种性质。练习比较，有利于促进特殊儿童推理、判断、分析、概括等高级思维能力的发展。作比较时，需要明确认识度量词概念并懂得将两种或两种以上的物件作出比较。特殊儿童在认识和理解物体的量上存在较大困难，较难区分两个物件之间的差别。因此，在训练中，教师要引导特殊儿童先对差别明显的两个物件进行比较，逐渐发展到对差别细小的两个物件进行比较。

活动一　香甜的饼干

活动目标

1. 能比较两个物件的大小。
2. 能比较两组物件的多少。

活动准备

1. 样式相同、大小不同的圆形饼干若干块。

2. 样式相同、大小不同的圆形饼干图片若干张。

3. 样式相同、大小不同的方形饼干若干块。

4. 样式相同、大小不同的方形饼干图片若干张。

活动过程设计

小朋友，欢迎到美味甜品屋，在这里你可以品尝到好吃的甜点。现在洗干净小手，让我们一起到甜品屋享受美味吧！

1. 在甜品屋里，有好多好吃的饼干呀。现在老师这里有两个，我们一起来比一比哪个大、哪个小。

教师出示两块样式相同但大小不同的饼干，引导儿童进行观察(图4-1)。教师指着较大的/小的一块饼干说："这是大的/小的饼干。"教师在进行介绍时，借助动作和语气着重强调"大的/小的"，帮助儿童更好地感知和理解物件的大小概念和特征。待儿童初步感知后，教师发出指令"指一指大/小的饼干"，并立即做出示范；然后再次发出指令，示意儿童指认。教师视儿童的反应给予适当的辅助，直至儿童能独立正确指出大的/小的。教师变换"大的/小的"饼干的位置，重复指令，给予及时辅助及强化。教师变换不同样式的饼干，引导儿童进行大小的指认。

图 4-1

2. 老师这里还有许多大小不一的饼干,你能帮我比一比它们的大小吗?

教师将两张不同大小的饼干图片依次放在桌上,引导儿童观察(图4-2)。待儿童初步感知后,教师发出指令"指一指大的"或"指一指小的",进一步引导儿童通过比较找出相应的图片。根据儿童完成的情况,教师可将指令变换为"比一比哪个大的/小的",并变换多组图片进行练习。

图 4-2

3. 甜品屋新出炉了一些饼干。甜品师把它们分成了两份,一份多,一份少。你知道哪份是多的、哪份是少的吗?

教师出示两组样式相同但数量不同的饼干,引导儿童进行观察和比较(图4-3)。待儿童初步感知后,教师发出指令"指一指多的/少的饼干",并立即做出示范。介绍时,教师借助动作和语气着重强调"多的/少的"。然后教师再次指令,示意儿童按指令中的要求进行指认。教师视儿童的反应给予适当辅助,直至儿童能独立正确指出"多的/少的"。教师变换"多的/少的"两组饼干的位置,重复指令,给予及时的辅助及强化。教师要提供不同样式和数量的饼干引导儿童进行辨别和指认。

图 4-3

4. 图片上的饼干数量也不相同，你来帮忙比一比吧。

教师出示两张数量不同的饼干图片依次放在桌上，引导儿童观察（图4-4）。待儿童初步感知后，教师发出指令"指一指多的"或"指一指少的"，引导儿童通过对比找出相应的图片。根据儿童的完成情况，教师可将指令变换为"比一比哪些多／少"。教师应变换多组图片引导儿童进行练习。

图 4-4

活动建议

1. 在训练过程中，可根据儿童的能力，进行语言表达的练习，通过比较，说出两个物件的大小和两组物体的多少。

2. 要注意训练梯度。比较大小时，先从仅大小差别明显的两个物件进行比较。根据儿童的掌握情况，可逐步减小物件之间的差距，也可引导儿童比较不同物件。

3. 在比较数量时，应根据儿童对物体数量的掌握情况来选择训练的难度，可先从数量差别明显的两组物件练起。

4. 对于比较物，可选择儿童日常生活中常用到的、感兴趣的。

活动记录

训练内容	完成情况		
	独立完成	辅助完成	不能完成
比较物件的大小			
比较图片中物件的大小			
比较物件的多少			
比较图片中物件的多少			

▶ 活动二　法棍兄弟

活动目标

1. 能比较出两个物件的长短。

2. 能比较出两个物件的粗细。

活动准备

1. 样式相同、长短不同的法棍面包实物或模型 3 组。

2. 样式相同、粗细不同的巧克力棒实物或模型 3 组。

3. 不同长度的法棍面包图片和不同粗细的巧克力棒图片各 10 张。

活动过程设计

1. 面包师傅们做出了法棍面包，他们想比一比谁做的长，谁做的短。你们能帮助他们比一比吗？

教师准备两根长度相差较大的法棍面包，依次呈现在儿童面前，引导儿童观察（图 4-5）。教师指着较长 / 短的法棍面包说"这是长的 / 短的"；介绍时，借助动作和语气着重强调"长 / 短"，帮助儿童更好地感知和理解长短的概念及特征。待儿童初步感知后，教师发出指令"指一指长的 / 短的"，并立即做出示范；然后再次发出指令，示意儿童听指令并做出相应的反应。教师根据儿童的反应给予适当的辅助，直至儿童能独立正确指出"长的 / 短的"。变换长、短法棍面包的位置，重复指令，给予儿童及时的辅助及强化。教师应使用不同样式的法棍面包引导儿童进行长短的辨别和指认。

图 4-5

2. 还有更多的法棍面包需要比一比长短，我们一起帮帮忙吧。

教师将两张不同长短的法棍面包图片依次放在桌上，引导儿童进行观察（图 4-6）。待儿童初步感知后，教师发出指令"指一指长的"或"指一指短的"，引导儿童对比找出相应的图片。根据儿童完成的情况，教师可将指令变换为"比一比哪个长／短"，并变换多组图片引导儿童进行练习。

图 4-6

3. 甜品师做出了香甜的巧克力棒，它们有的粗，有的细，你们来帮他们比一比吧。

教师出示两根粗细差别明显的巧克力棒，引导儿童观察比较（图 4-7）。教师指着较粗／细的一根说："这是粗的／细的。"教师介绍时，借助动作和语气着重强调"粗的／细的"，帮助儿童更好地感知和理解物件的粗细概念及特征。待儿童初步感知后，教师发出指令"指一指粗的／细的巧克力棒"，并立即做出示范。然后，教师再次发出指令，示意儿童指认。教师根据儿童的具体反应给予适当的辅助，直至儿童能独立且正确指出"粗的／细的"。教师变换粗、细巧克力棒的位置，重复指令，给予儿童及时的辅助及强化。然后，教师再使用不同样式的巧克力棒引导儿童进行粗细的辨别。

图 4-7

4.还有更多的巧克力棒需要比一比粗细，我们一起帮帮忙吧。

教师将两张不同粗细的巧克力棒图片依次放在桌上，引导儿童进行观察（图 4-8）。待儿童初步感知后，教师发出指令"指一指粗的"或"指一指细的"， 引导儿童通过对比找出相应的图片。根据儿童的完成情况，教师可将指令变换为"比一比哪个粗 / 细"。教师可变换多组图片引导儿童进行练习。

图 4-8

活动建议

1.训练初期，教具要选择对比强烈、便于直观比较的。练习中，要注意训练梯度，先比较差别明显的两个物件，根据儿童的完成情况逐步减少对比差距。

2. 对比时，不要过于注重教授儿童物件的名称，要强调"比一比"而不是强调物件的名称。

3. 对于比较物，可选择儿童日常生活中常用到的、感兴趣的。

活动记录

训练内容	完成情况		
	独立完成	辅助完成	不能完成
比较物件的长短			
比较图片中物件的长短			
比较物件的粗细			
比较图片中物件的粗细			

▶ 活动三　面包大师

活动目标

1. 能比较两个物件的高、矮，能指出/说出哪个是高的，哪个是矮的。

2. 能比较两个物件的厚、薄，能指出/说出哪个是厚的，哪个是薄的。

活动准备

1. 不同高度的人物模型 6 个。

2. 不同高度的人物图片 5 张，不同高度的物件模型图片 5 张。

3. 完整的、未切开的吐司面包 1 个。

4. 吐司面包（厚薄不同）图片 10 张。

5. 不同厚度的三明治 2 块，不同厚度的三明治图片 2 张。

活动过程设计

1. 小朋友，甜品屋新招聘了两位面包大师，我们去打个招呼吧。

教师出示两个高矮不同的人物模型，引导儿童观察（图 4-9）。教师指着较高 / 矮的人物模型说："这个人高 / 矮"，介绍时借助动作和语气着重强调"高" / "矮"，帮助儿童更好地感知和理解高矮的特征及概念。待儿童初步感知后，教师发出指令"指一指高 / 矮的人"，并立即做出示范。然后，教师再次发出指令，示意儿童根据指令做出相应的反应。教师根据儿童的反应给予适当的辅助，直至儿童能独立正确指出"高的 / 矮的"。教师变换模型位置，重复指令，给予儿童及时的辅助及强化。教师使用不同高度的人物模型，引导儿童进行高、矮的辨别。

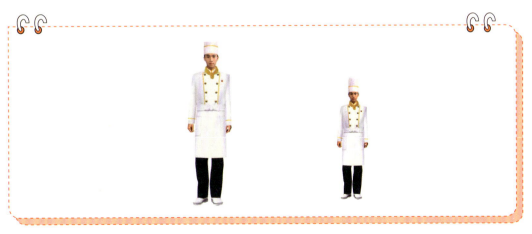

图 4-9

2.小朋友们，甜品屋需要招聘更多的面包师，这是他们的照片。让我们一起看一看吧。

教师将两张身高不同的面包师图片依次放在桌上，引导儿童观察（图4-10）。待儿童初步感知理解后，教师发出指令"指一指高的"或"指一指矮的"，引导儿童通过对比找出相应的图片。教师根据儿童的完成情况可将指令变换为"比一比，谁高／矮"。教师使用多组图片，引导幼儿进行练习。

图 4-10

3.小朋友们，高的面包师做了一种面包，矮的面包师也做了一种面包，咱们比一比他们的面包，看看哪个厚、哪个薄。

教师从吐司面包上，切下两片厚薄差别明显的面包，引导儿童观察比较（图4-11）。教师指着较厚／薄的一片说"这是厚的／薄的"，介绍时借助动作和语气着重强调"厚的"／"薄的"，帮助儿童更好地感知物件的厚薄并理解厚薄的概念。待儿童初步感知和理解后，教师发出指令"指一指厚的／薄的面包"，并立即做出示范。然后，教师发出相同的指令，示意儿童指认。教师根据儿童的反应给予适当的辅助，直至儿童能独立且正确指出"厚的"/"薄的"。教师变换厚、薄切片面包的位置，重复指令，给予儿童及时的辅助及强化。教师使用不同厚度的切片面包，引导儿童进行厚薄的辨别。

图 4-11

4.美味的三明治也新鲜出炉了，请你仔细观察，比一比哪个厚、哪个薄。

教师将两张三明治（厚薄不同）图片依次放在桌上，引导儿童观察（图4-12）。待儿童初步感知理解后，教师发出指令"指一指厚的"或"指一指薄的"，引导儿童通过对比找出相应的图片。根据儿童的完成情况，教师可将指令换为"比一比哪个厚/薄"。教师使用多组图片，引导儿童进行练习。

图 4-12

活动建议

1.注意设置不同难度的训练，先比较差别明显的两个物件，在儿童通过基本训练后可逐步提高难度。

2.练习中，每次训练的指令以及比较的两个物件的摆放位置要随机调整。

3.对于比较物，可选择儿童日常生活中常用到的、感兴趣的。

活动记录

训练内容	完成情况		
	独立完成	辅助完成	不能完成
比较物件的高矮			
比较图片中物件的高矮			
比较物件的厚薄			
比较图片中物件的厚薄			

第五单元 玩具总动员

皮亚杰指出，儿童只有在七岁以后才会对因果关系有真正的认识，在此之前是认识因果关系的准备期。因果关系会随着儿童年龄的增长和心智的成熟而进一步发展，是儿童思维发展到一定阶段的产物。

一般情况下，儿童很容易从生活的体验中理解简单的因果关系，但特殊儿童，其认知能力发展落后，很难理解事物之间的因果关系。因此，我们需要在日常生活中结合自然环境和生活事件，让特殊儿童认识事物之间的因果关系。

活动一 奇妙的发现

活动目标

1. 能通过操作物件体验自己的动作可以引发的结果，感受因果关系。
2. 能结合自身的感受，察觉他人行动引发的因果关系。

活动准备

1. 氢气球若干个。
2. 按键类玩具1个。

活动过程设计

玩具筐里有许多有趣的玩具，有的会走，有的会跑，还有的会发出声音和亮光。让我们一起来玩耍吧。

1. 儿童手握绑有氢气球的绳子一端（图5-1），教师让儿童松开绳子并问道："气球怎么飞走了？"教师通过提问引导儿童关注气球飞走的结果。教师再次提示："怎样让气球飞到空中呢？"引导儿童反复尝试松开绳子，感受松开绳子的行为引发气球飞走的结果。

图 5-1

2. 教师出示操作类玩具（图5-2），引导儿童按键并观察玩具的移动和发光的结果。教师提问："为什么玩具会移动和发光？"通过提问，教师帮助儿童感知动作与玩具效果之间的关系，激发儿童的操作兴趣，反复体验按键使玩具移动和发光的过程。

图 5-2

3. 与儿童进行模拟游戏（图5-3）。教师用手指模仿毛毛虫，从儿童的手指处开始移动手指。教师的手指分别"爬"到儿童的胳膊下、脖子里、衣服里……进行挠痒刺激，引发儿童的反应。教师也可中途停下来，观察儿童的反应。儿童表现出兴趣或排斥后，教师继续游戏，通过游戏让儿童感受他人行动引发的结果。

图 5-3

活动建议

1. 活动训练选择尽量选取儿童感兴趣的、容易明显感知因果关系的用具。

2. 在活动中，关注点不要过度放在活动本身，要引导儿童及时感知事物之间的因果关系。

活动记录

训练内容	完成情况		
	独立完成	辅助完成	不能完成
观察自己的行为可以引发的结果			
察觉他人的行为可以引发的结果			

活动二　音乐小达人

活动目标

1. 能察觉重复性操作行为引发的结果，感受重复动作引发的因果关系。

2. 通过观察事物的前后变化，理解事物的因果关系。

活动准备

1. 手摇铃 1 个。

2. 手拍鼓 1 个。

3. 音乐播放器 1 个。

活动过程设计

这么动听的音乐是怎么被创作出来的呢？让我们也来当一次音乐小达人，用各种玩具乐器来创作动听的音乐吧。

1. 教师出示手摇铃（图 5-4），轻轻摇动，引导学生观察并倾听。教师通过提问"你听到了什么声音？这个声音好听吗？好听的声音是怎样发出来的？老师不摇动的时候有没有声音？"等问题，帮助儿童了解摇铃和铃声的因果关系。教师总结：只有摇动摇铃，摇铃才能发出声音。教师引导学生连续晃动摇铃制造持续声响以感受重复性动作与持续铃声之间的联系。

图 5-4

2.教师出示手拍鼓（图5-5），拍动鼓面，引导学生观察并倾听。教师提问学生以下问题："听到'咚咚咚'的声音了吗？声音是怎样发出来的？你能像老师一样让鼓发出'咚'的声音吗？"教师引导学生通过连续拍击鼓面发出"咚咚咚"的声音，感受重复性动作与持续鼓声之间的联系。

图5-5

活动建议

　　游戏活动本身不是训练目标，要通过活动帮助儿童感受操作与结果的因果关系。

活动记录

训练内容	完成情况		
	独立完成	辅助完成	不能完成
能察觉重复性动作可以引发的结果			
能通过重复性动作引发持续性结果			

第六单元 小白兔爱劳动

知识链接

　　在数学上,数是表示事物的量的基本概念。在认识数前,首先要认识数量。数量是指事物数目的多少。数学的本质是在认识数量的同时,认识数量之间的关系,在认识数的同时认识数之间的关系。数这个概念的形成发展包括计数能力的发展,对数序的认识、数量的概念以及对数的组成的掌握等多个概念的发展。计数活动是儿童形成和发展数这个概念的一个重要方面。但在计数过程中,教师要引导儿童注意数字与数量的紧密联系,帮助儿童理解数字所代表的实际意义。

　　对于缺乏抽象思维和逻辑思维能力的特殊儿童,在数学领域的训练中要注意紧密联系生活,引导他们在生活和游戏中了解自然界中物体与数字之间的关系,培养他们应用数学的意识。

活动一　小白兔拔萝卜

活动目标

1. 能配合本体动作唱数数字 1～3。

2. 能一一对应唱数数字 1～3。

活动准备

1. 玩具果篮 1 个。

2. 蘑菇模型玩具 2 个。

3. 胡萝卜模型玩具 3 个。

活动过程设计

"小白兔，白又白，两只耳朵竖起来，爱吃萝卜爱吃菜，蹦蹦跳跳真可爱。"可爱的小白兔要去拔萝卜了，让我们一起去给它帮帮忙吧。

1. 小白兔需要一个小果篮去装萝卜，让我们帮它准备一下吧。

教师引导儿童在教具盒中找到玩具果篮（图 6-1），并将果篮摆放在桌子上。教师引导儿童指着果篮并说出数目"1"。然后，教师说出总数"1个果篮"。

图 6-1

2. 小白兔先去采了小蘑菇，让我们一起来看看小白兔采了几个小蘑菇。

教师将蘑菇模型（图 6-2）并排摆放在桌子上，指导儿童按物点数"1、2"。教师需强调最后一个，说出总数"2个蘑菇"。

图 6-2

3. 小白兔还拔了许多萝卜，你能帮他数一数有几个吗？

教师出示萝卜模型（图 6-3），引导儿童手指物品依次点数"1，2，3"。教师问："一共有几个萝卜？"教师提示儿童说出总数"3 个萝卜"。

图 6-3

4. 让我们帮助小白兔将采来的蘑菇和萝卜装到果篮里吧。

教师指导学生把蘑菇一个个地放进篮子里，一边放一边唱数"1，2"。学生独立地将萝卜逐个放入果篮，一边放一边唱数"1，2，3"。

活动建议

1. 对于具有一定唱数基础的儿童，在教学中可根据他们的基本情况增加唱数、点数数量，适当提升训练难度。

2. 训练中，儿童点数后，教师要及时说出数的总数，帮助儿童建立认识总数的意识。

活动记录

训练内容	完成情况		
	独立完成	辅助完成	不能完成
正确唱数数字 1~3			
一一对应唱数数字 1~3			
说出数量为 3 以内物体的总数			

活动目标

1. 能一一对应按物点数 1~5。

2. 能说出 5 以内物体的总数。

活动准备

1. 纸杯实物 3 个。

2. 毛巾图片 4 张、扫帚图片 5 张。

活动过程设计

"小白兔是今天班级里的值日生，让我们一起帮助他完成物品的整理工作吧。"

1. 教师出示纸杯3个（图6-4），指导儿童将纸杯一个一个地整齐摆放在桌子上，带领儿童一边摆放一边唱数。儿童用手指着纸杯一一对应点数。最后，教师说出总数"3个杯子"。

图6-4

2. 小兔子把大家的小毛巾都洗干净了，让我们一起数一数小兔子一共清洗了几条毛巾。

教师出示毛巾图片（图6-5），指导儿童按顺序手指图片一一点数"1，2，3，4"，并提示儿童说出总数"4条毛巾"。

图6-5

3.小兔子的教室里有多少把扫帚呢？

教师出示扫帚卡片（图6-6），儿童按顺序手指物品点数"1，2，3，4，5"。教师打乱卡片顺序，问："卫生工具都被大家弄乱了，你能帮助小兔子排列整齐吗？"教师指导儿童边整齐摆放卡片边唱数，并引导儿童说出总数"5把扫帚"。

图 6-6

活动建议

1.训练中，尽量选取儿童熟悉且感兴趣的用具或图片，激发他们的学习兴趣。

2.根据儿童的不同情况，适当增加训练难度，可引导认知能力较好的儿童独立说出物体的总数。

活动记录

训练内容	完成情况		
	独立完成	辅助完成	不能完成
正确唱数数字 1 ~ 5			
手口一致按物点数 1 ~ 5			
说出数量 5 以内物体的总数			